W0047280

Der aktuelle
Bußgeld
Katalog

Impressum

HEEL Verlag GmbH
Gut Pottscheidt
53639 Königswinter
Telefon 0 22 23 / 92 30-0
Telefax 0 22 23 / 92 30 26
Mail: info@heel-verlag.de
Internet: www.heel-verlag.de

© 2016: HEEL Verlag GmbH, Königswinter

Verantwortlich für den Inhalt:
Petra Schmucker und Herbert Engelmohr

Lektorat:
Jost Neßhöver

Lithographie, Satz und Gestaltung:
Daniel Tzur, Bonn

Fotos:
fotolia, pa picture alliance (Titel), Jost Neßhöver (1)

Verkehrszeichen-Pictogramme:
© Peter Wiegel, CREATIVE COMMONS PUBLIC LICENSE, www.creativecommons.org

Printed in Slovakia

ISBN: 978-3-95843-375-5

Herbert Engelmohr · Petra Schmucker

Automobilclub
von Deutschland

Der aktuelle
Bußgeld
Katalog

Inhaltsverzeichnis

Herbert Engelmohr (HE), Petra Schmucker (PS)

Geleitwort zur ersten Auflage des AvD-Bußgeldkataloges

Wer sich heute hinters Steuer eines Fahrzeuges setzt, als Radfahrer oder Fußgänger im Verkehr unterwegs ist, hat es nicht immer leicht, alle Verkehrsregeln in jeder Situation korrekt zu befolgen. Gerade aus meiner langjährigen Erfahrung als Verkehrsrechtler und AvD Vertrauensrechtsanwalt heraus kann ich nur bestätigen, dass es auch zu ganz ungewollten Verstößen kommen kann. Sei es, dass man im Schilderwald das richtige Verkehrszeichen übersieht, anders interpretiert oder Schilder oder Markierungen an manchen Stellen fehlen, obwohl sie dort hilfreich wären. Es entstehen immer wieder Fragestellungen, für die es auch für Juristen keine fertige oder schnelle Lösung gibt.

Als Vizepräsident für Recht und Verkehr des Automobilclub von Deutschland e.V. (AvD) möchte ich insbesondere unseren Mitgliedern und allen, die dieses kleine Kompendium lesen, etwas an die Hand geben, was eine erste Orientierung und Hilfe gibt, wenn der Vorwurf eines Verkehrsverstoßes droht oder bereits schriftlich ins Haus geflattert ist. Unser Dank gilt den Autoren, Rechtsanwältin Petra Schmucker und Rechtsanwalt Herbert Engelmohr, die in der AvD-Verkehrsrechtsberatung lange Jahre Erfahrungen sammeln konnten.

Es wird empfohlen, jeden punktebewehrten Bußgeldbescheid von einem Vertrauensanwalt überprüfen zu lassen. Es besteht zumindest eine Chance, dass dieser Bescheid auch fehlerhaft sein kann.

Der AvD wünscht allen Leserinnen und Lesern des AvD-Bußgeldkataloges eine aufschlussreiche und hilfreiche Lektüre.

Weimar, Herbst 2016

Rechtsanwalt Rolf W. Menzel
Vizepräsident für Recht und Verkehr
Automobilclub von Deutschland e.V.

Frau Rechtsanwältin Petra Schmucker hat als Verbandsjuristin des Automobilclub von Deutschland e.V. (AvD) langjährige Erfahrungen in der Verkehrsrechtsberatung und befasst sich seit mehr als 20 Jahren mit Themen rund um die Mobilität.

Herbert Engelmohr ist Pressesprecher des Automobilclub von Deutschland (AvD). Er befasst sich als Rechtsanwalt und Verbandsjurist seit mehr als 20 Jahren mit verkehrsrechtlichen Fragestellungen.

Warum gibt es einen Bußgeldkatalog?

1968 wurden leichtere Straftatbestände zu so genannten Ordnungswidrigkeiten herabgestuft und im Zuge dessen vor allem **das Verkehrs-
strafrecht somit „entkriminalisiert".** Neben Verkehrsstraftaten gibt es
seither nun auch Verkehrsordnungswidrigkeiten, die anstatt mit Geld-
oder mit Freiheitsstrafe mit Geldbußen oder mit Fahrverbot geahndet
werden.

 ## **Das Opportunitätsprinzip –
zweckmäßig und nützlich handeln**

Anders als im Strafrecht besteht im (daraus entwickelten) Recht für Ordnungswidrigkeiten nicht die Verpflichtung, in jedem Fall ein Bußgeldverfah-
ren einzuleiten und durchzuführen (§ 47 Gesetz über Ordnungswidrigkeiten,
OWiG). Die Verfolgungsbehörden können nach **pflichtgemäßem Ermes-
sen entscheiden, ob das Ziel auch durch ein anderes Mittel als
durch eine Geldbuße erreicht werden kann,** etwa durch Aufklärung
oder gebührenfreie Verwarnung. Das wird regelmäßig der Fall sein, wenn
es sich um einen Verkehrsverstoß von geringer Bedeutung handelt, wenn
die Tat keine Bedeutung hat, wenn eine Bestrafung als unverhältnismäßig
erscheint, bei **einsichtigem Verhalten des Betroffenen,** wenn eine Gefährdung nicht gegeben ist oder wenn die Aufklärung der Sachlage erhebliche Schwierigkeiten macht.

Die Millionen jährlich festgestellter und erfasster **Verkehrsordnungswidrigkeiten** machen seit einigen Jahren **mehr als 95 Prozent aller Ordnungswidrigkeiten** aus. Das Bemühen, einfache Verfahren zu gestalten, ohne
die Rechte der Betroffenen zu verkürzen, führte unter anderem dazu, dass
der Gesetzgeber der Forderung nach einer möglichst vollständigen und
übersichtlichen Zusammenfassung der Tatbestände sowie nach Verein-
heitlichung verbindlicher Bußgeldregelsätze Rechnung trug und einen
bundeseinheitlichen Bußgeldkatalog in Auftrag gab. **Im Jahr 1990 trat
eine Bußgeldkatalogverordnung mit einem Bußgeldkatalog in Kraft,** in
die in der Folgezeit weitere bestehende Regelwerke integriert wurden.

Was können Sie im Bußgeldkatalog nachlesen?

Heute kann jedermann im Bußgeldkatalog selbst nachlesen, welche Verstöße gegen Verkehrsvorschriften wie die Straßenverkehrsordnung (StVO), das Straßenverkehrsgesetz (StVG), die Fahrzeugzulassungsverordnung (FZV), die Fahrerlaubnisverordnung (FeV) und die Straßenverkehrszulassungs-Ordnung (StVZO) in welcher Form sanktioniert werden.

Doch auch der als Anlage zur Bußgeldverordnung erlassene Bußgeldkatalog ist nicht allumfassend. Im Katalog finden sich zwar **alle gängigen Verkehrsverstöße,** nicht jedoch die in anderen Nebengesetzen wie dem Pflichtversicherungsgesetz oder im Güterkraftverkehrs- und im Personenbeförderungsgesetz enthaltenen speziellen Bußgeldvorschriften, deren Regelbußgeldsätze in gesonderten Katalogen geregelt werden.

Nicht zu verwechseln ist der Bußgeldkatalog mit dem **ergänzenden so genannten Bundeseinheitlichen Tatbestandskatalog,** in dem alle Tatbestände erfasst und mit einer sechsstelligen Nummer versehen sind *(http://www.kba.de/DE/ZentraleRegister/FAER/BT_KAT_OWI/btkat).* Der Bußgeldkatalog legt die Höhe der Geldbuße sowie Fahrverbote für schwere Verstöße fest. Die so genannten Regelsätze sollen **bundesweit einheitliche Sanktionen gewährleisten.**

Nach Vorgabe des Gesetzes über Ordnungswidrigkeiten (OWiG) können Geldbußen **bei vorsätzlicher Begehung** zwischen 5 Euro und 2000 Euro, für Alkohol- und Drogenverstöße sogar maximal 3000 Euro (§ 24 a StVG) betragen. Bei **fahrlässiger Begehungsweise** sind die Geldbußen auf maximal 1000 respektive auf 1500 Euro gedeckelt. Handelt es sich um einen Fall ohne Besonderheiten, also um **einen Regelfall,** sind die Regelsätze des Bußgeldkataloges für Bußgeldbehörden und Gerichte bindend. Während die Bußgeldbehörde jedoch ohne Vorliegen besonderer Tatsachen von einem Regelfall ausgehen darf, sind die Amtsgerichte nach Einspruch durch den Betroffenen verpflichtet zu prüfen, ob denn auch ein Regelfall vorliegt.

Aus welchen **Gründe vom Regelsatz abgewichen** werden kann oder muss, ist gleich mitgeregelt. Bei den Regelsätzen wird von einer fahrlässigen, nicht vorsätzlichen Begehung des Verstoßes ausgegangen. Wird die Übertretung jedoch nachweislich vorsätzlich begangen, kann die Regelbuße erhöht oder bei Regelbußen ab 60 Euro **innerhalb des gesetzlichen Rahmens** verdoppelt werden (§ 3 Abs. 4a BKatV).

Seit 2009 enthält der Bußgeldkatalog auch einen Abschnitt von Tatbeständen, die nur vorsätzlich begangen werden können. Dazu gehören das Telefonieren am Steuer ohne Freisprechanlage und die Benutzung eines Radarwarngerätes.

Folgende weitere Gründe können zu einem Abweichen von der Regelbuße führen:

- **Einschlägige Voreintragungen** im Fahreignungsregister können für eine angemessen Erhöhung herangezogen werden. Das ist mittlerweile die durchgängige Praxis.

- Die **wirtschaftliche Lage** des Betroffenen ist erst bei höheren Geldbußen in Betracht zu ziehen. Wird aus finanzieller Not die Buße heraboder bei wohlsituierten Verhältnissen heraufgesetzt, hat das jedoch keinen Einfluss auf den Punkteeintrag (§ 28 a StVG).

- Treten **Gefährdung oder Sachbeschädigung** hinzu, sind die in der Tabelle 4 des Bußgeldkataloges vorgegebenen Erhöhungssätze anzusetzen (§ 3 Abs. 3 BKatV). Eine Erhöhung scheidet aus, wenn bereits der Grundtatbestand eine Gefährdung oder eine Sachbeschädigung enthalten.

- Bei der Bemessung der Geldbuße ist neben der Bedeutung der Ordnungswidrigkeit auch der Vorwurf zu berücksichtigen, der dem Täter zu machen ist. Eine **geringe Schuld des Betroffenen** wirkt sich mindernd aus.

- Verletzt der Betroffene seine **Pflichten als Halter** für den ordnungsgemäßen Zustand des Fahrzeugs, trifft ihn eine höhere Verantwortung respektive Geldbuße als jenen, der das Fahrzeug zum Zeitpunkt der Übertretung „nur" führt. Dazu zählen Fälle der Überschreitung der Anhängelast oder des zulässigen Gesamtgewichtes oder eines nicht mehr verkehrssicheren Fahrzeugzustandes. Ist der Betroffene beides, Halter und Fahrer, gilt der höhere Regelsatz (§ 3 Abs. 2 BKatV).

Bei **kennzeichnungspflichtigen Kraftfahrzeugen mit gefährlichen Gütern oder bei Kraftomnibussen mit Fahrgästen** gelten strengere Regeln. Bei Verstößen mit Bußgeldern ab 60 Euro – etwa schwerere Abstands- oder Tempoverstöße – erhöhen sich diese um die Hälfte (§ 3 Abs. 4 BKatV).

 ## Radfahrer und Fußgänger

Auch Radfahrer und Fußgänger sind Verkehrsteilnehmer, die sich an die Verkehrsregeln halten müssen. Allerdings stellen sie als nichtmotorisierte Teilnehmer ein geringeres Risiko dar. Nach der Bußgeldkatalogverordnung (§ 2 Abs. 4 BKatV) sollen die Verwarnungsgelder für Fußgänger in der Regel bei fünf Euro, bei Radfahrern in der Regel bei 15 Euro liegen, sofern kein anderer spezieller Tatbestand im Bußgeldkatalog erfüllt wird, etwa der Verstoß gegen die Pflicht, Radwege zu benutzen, oder ein Rotlichtverstoß durch einen Radfahrer. In diesen Fällen kann das Bußgeld höher liegen.

Ab 60 Euro Geldbuße werden auch diese Verstöße von Radlern und Fußgängern im Fahreignungsregister eingetragen und bepunktet. Bei Verstößen mit einem Bußgeld von mehr als 60 Euro werden diese Regelsätze für nichtmotorisierte Verkehrsteilnehmer halbiert, soweit für sie keine besondere Regelung getroffen wurde.

Tatmehrheit und Tateinheit

Mehrere Handlungen, die in keinem engen zeitlichen oder räumlichen Zusammenhang stehen und Verkehrsvorschriften verletzen, werden als Tatmehrheit behandelt. Das hat zur Folge, dass jede einzelne Tat unabhängig von den anderen geahndet wird. Im Bußgeldbescheid wird jede Übertretung einzeln angegeben, bepunktet und mit einer eigenen Geldbuße respektive einem eigenen Verwarnungsgeld versehen.

Ist von einer einzigen Tat auszugehen, weil ein enger zeitlicher und räumlicher Zusammenhang besteht, liegt Tateinheit vor. Es wird davon ausgegangen, dass eine Handlung gleich mehrere Bußgeldtatbestände erfüllt hat. Bei Bußgeldern ab 60 Euro wird der höchste Regelsatz zugrundegelegt und angemessen erhöht – es werden also nicht einfach die Geldbußen für die einzelnen Verstöße addiert (§3 Abs. 5 BKatV). Punkte werden nur für diese Ordnungswidrigkeit eingetragen. Bei geringfügigen Verstößen, die eine Geldbuße bis 55 Euro nach sich ziehen, wird nur der höchste Satz berechnet.

Fahrverbot

Oft viel weiter reichend als bei einer Geldbuße sind die Auswirkungen eines Fahrverbotes für den Betroffenen. Wird es nicht beschränkt, **gilt es für alle Kraftfahrzeuge bis hin zum Mofa für mindestens einen Monat und maximal drei Monate.**

Dementsprechend heftig wird darum gestritten. Fahrverbote dürfen nach § 25 StVG wegen einer Ordnungswidrigkeit nur **bei grober und beharrlicher Verletzung der Pflichten eines Kraftfahrzeugführers** von der Bußgeldbehörde oder durch Gericht angeordnet werden.

Der Bußgeldkatalog enthält so genannte **Regelfahrverbote** für bestimmte Verkehrsverstöße, die **typischerweise als grob oder beharrlich eingestuft werden** müssen.

Beispiele für **grobe Verkehrsverstöße** mit Regelfahrverbot sind Geschwindigkeitsüberschreitungen von mindestens 31 km/h inner- oder 41 km/h außerorts, Rotlichtverstöße bei bereits mehr als 1 Sekunde andauernder Rotphase, Abstandsverstöße, bei denen ein Abstand von 3/10 des halben Tachowertes bei Geschwindigkeiten über 100 km/h nicht mehr eingehalten wird, Verstöße gegen die 0,5-Promille-Regel und Fahrten unter der Wirkung von verbotenen Drogen.

Ausdrücklich wird in § 4 Abs. 2 BKatV auch ein Fall von **beharrlicher Pflichtenverletzung** geregelt: Wenn der Betroffene wegen einer Geschwindigkeitsüberschreitung von mindestens 26 km/h bereits eine Geldbuße erhalten hat und innerhalb eines Jahres ab Rechtskraft dieser Entscheidung noch einmal mit mindestens 26 km/h erwischt wird, muss er im Regelfall mit Fahrverbot rechnen.

Auch wenn ein Regelfall vorliegt, muss geprüft werden, ob es **Anhaltspunkte für eine abweichende Beurteilung** gibt und ob es in dem **Sonderfall** ausreicht, das Bußgeld zu erhöhen anstatt ein Fahrverbot zu verhängen. Dazu gibt es den Begriff des Augenblicksversagens. Dabei handelt es sich um einen Fehler, der auch einmal einem sehr erfahrenen und ansonsten gesetzestreuen Verkehrsteilnehmer unterlaufen kann – etwa das leicht fahrlässige Übersehen eines Verkehrszeichens. Auch bei so genannten atypischen Rotlichtverstößen kann das Regelfahrverbot entfallen, wenn subjektiv oder objektiv kein schwerer Pflichtenverstoß vorgeworfen werden kann.

Von der Verhängung eines Regelfahrverbots lässt sich auch absehen, wenn erhebliche Nachteile drohen, die zu einer unerträglichen Härte für den Betroffenen führen würden. Der Verlust des Arbeitsplatzes oder die Existenzgefährdung bei Selbständigen ist unter Berücksichtigung möglicher Alternativen (etwa Verkehrsanbindung, Urlaub, Vermögen) abzuwägen, und es ist zu prüfen, ob anstelle des Fahrverbotes eine angemessen erhöhte Geldbuße verhängt werden kann.

Das Fahrverbot muss in den meisten Fällen nicht sofort, sondern innerhalb von vier Monaten nach Rechtskraft der Entscheidung angetreten werden, der Betroffene muss seinen Führerschein in amtliche Verwahrung geben. Erst, wenn der Führerschein (auch ein möglicherweise vorhandener Internationaler Führerschein) bei der zuständigen Bußgeldstelle oder nach gerichtlicher Entscheidung bei der zuständigen Staatsanwaltschaft abgegeben ist, beginnt die Verbotsfrist. Die Führerscheine werden nach Fristablauf unaufgefordert zurückgegeben.

Eine Ausnahme bilden ausländische Führerscheine von Personen mit Auslandswohnsitz. Ihnen wird im Führerschein das Fahrverbot lediglich vermerkt, dieses bezieht sich auch nur auf das Inland.

Wird der Führerschein nicht abgegeben, fängt das Fahrverbot spätestens nach Ablauf von vier Monaten ab Rechtskraft an zu laufen.

Ohne Frist, sofort nach Eintritt der Rechtskraft der Fahrverbotsentscheidung, gilt das Fahrverbot, wenn der Betroffene in den vorhergegangenen beiden Jahren bereits ein Fahrverbot abgeleistet hatte. Er kann dann nur durch Einlegung eines Rechtsmittels den Beginn des Fahrverbotes beeinflussen. Ein weiterer Sonderfall liegt vor, wenn parallel in einem anderen Verfahren noch ein Fahrverbot rechtskräftig verhängt wird. In diesem Fall sollte der Betroffene einen Anwalt seines Vertrauens konsultieren.

Fahrverbote werden ins Fahreignungsregister eingetragen und unterliegen anstatt der normalen zweieinhalbjährigen einer fünfjährigen Tilgungsfrist.

Eintragungen ins Fahreignungsregister

Nicht jede Ordnungswidrigkeit, die geahndet wird, kommt mit einem Eintrag ins Flensburger Fahreignungsregister (FAER). In der Anlage 13 zur Fahrerlaubnisverordnung (FeV) werden diese Verstöße abschließend aufgelistet. Grundsätzlich erfolgt ein Eintrag aber erst bei einer Geldbuße von 60 Euro und nach rechtskräftigem Abschluss des Verfahrens.

Sie gilt nicht als Sanktion, hat aber für die Verkehrsteilnehmer große Bedeutung: die Punktebewertung. In der letzten Spalte des Bußgeldkataloges werden die nach Anlage § 13 der FeV festgelegten Punkte im Rahmen des Fahreignungs-Bewertungssystem aufgeführt (mehr dazu ab Seite 38).

Kostentragungspflicht des Halters nach § 25a StVG

Vom Rechtsgedanken her ist die Regelung des § 25 a StVG keine Sanktion, sondern eine Kostenregelung. Dennoch wird sie von Fahrzeughaltern real als Strafe empfunden. Die Regelung besagt: Lässt sich ein Parksünder nicht innerhalb der Verfolgungsverjährungsfrist von drei Monaten oder nur mit unangemessenem Aufwand ermitteln, wird das Verfahren bei Park- und Halteverstößen in der Sache eingestellt und dem Kfz-Halter die Kosten des Verfahrens auferlegt. Der kann dann nur noch innerhalb von zwei Wochen eine gerichtliche Prüfung beantragen. Dabei ist zu prüfen, ob eine Kostentragung unbillig wäre, wenn der Halter vielleicht erst später als zwei Wochen nach dem Verstoß davon erfahren hat und eine Erinnerung an die Tathandlung respektive den verantwortlichen Fahrer dadurch erschwert war oder das Fahrzeug nachweisbar einer anderen Person, nicht jedoch dem Halter zur Verfügung stand.

Strafvorschriften

Verkehrsstraftaten sowie das Verfahren

In den gesetzlichen Vorschriften sind besonders gefährliche Verstöße gegen Verkehrsvorschriften und solche, die eine Körperverletzung oder die Tötung eines anderen zur Folge haben, als Straftaten eingeordnet. Verkehrsstraftaten sind hauptsächlich im Strafgesetzbuch (StGB) und einzeln in weiteren Gesetzen wie dem Straßenverkehrsgesetz (StVG) und dem Pflichtversicherungsgesetz (PflVG) festgelegt.

Zuständigkeiten für Ermittlung und Einstellung

Üblicherweise ermittelt die Polizei, die beim Verdacht auf eine Straftat verpflichtet ist, der Staatsanwaltschaft die Ergebnisse der Ermittlungen zur Entscheidung vorzulegen. Sieht die Staatsanwaltschaft keinen Anlass zur Anklageerhebung, ordnet sie entweder zusätzliche Ermittlungen an oder stellt das Verfahren nach § 170 Abs. 2 StPO ein.

Wird ein Tatverdacht angenommen, kann bei einem Vergehen aber auch das Verfahren unter Auflagen eingestellt werden. Voraussetzung dafür ist unter anderem, dass keine „schwere Schuld" angenommen wird. Als Auflage kann dem Beschuldigten die Zahlung eines Geldbetrages oder der Besuch eines Aufbauseminars oder eines Fahreignungsseminars auferlegt werden. Noch vor Gericht kann mit Zustimmung der Staatsanwaltschaft und des Angeklagten das Verfahren eingestellt werden. In den Registern, in Flensburg und im Strafregister, gibt es keinen Eintrag.

Verfahren bei Strafbefehl oder Anklage

Kommt es nicht zur Einstellung, beantragt die Staatsanwaltschaft beim Gericht entweder einen Strafbefehl oder sie erhebt bei erheblichen Delikten oder schwieriger Sach- und Rechtslage Anklage vor Gericht. Die meisten Verfahren in Verkehrssachen werden mit einem Strafbefehl erledigt, ohne dass es zur Hauptverhandlung kommt. Die dort niedergelegte Strafe ist wie in einem Urteil verbindlich, wenn der Angeklagte nach Zustellung nicht binnen zweier Wochen Einspruch gegen den Strafbefehl einlegt. Der Einspruch kann auf bestimmte Beschwerdepunkte beschränkt werden.

Es findet dann eine mündliche Hauptverhandlung statt wie bei einer zugelassenen Anklage. Die Hauptverhandlung endet mit einem Urteil, das den Angeklagten zu einer Strafe verurteilt oder aber freispricht. Gegen das Urteil des Amtsgerichts kann der Verurteilte innerhalb einer Woche nach Verkündung ebenso wie die Staatsanwaltschaft Berufung einlegen. In der Berufung wird der Fall neu verhandelt. Gegen diese Entscheidung kann Revision eingelegt werden. Ebenso ist dies als Sprungrevision gegen das erstinstanzliche Urteil möglich. Das Urteil wird bei jeder Revision aber nur auf Verstöße gegen Verfahrensvorschriften hin überprüft.

Die Punktebewertung von Straftaten

Verkehrsstraftaten lassen sich danach einteilen, ob sie im Fahreignungsregister in Flensburg gespeichert werden dürfen oder nicht. Nur Tatbestände, die in Anlage 13 zur Fahrerlaubnis-Verordnung (FeV) aufgeführt sind, dürfen nach rechtskräftiger Entscheidung mit einer Punktebewertung versehen dort gespeichert werden.

Immer eingetragen werden nachstehende Tatbestände:

- Gefährliche Eingriffe in den Straßenverkehr § 315b StGB

- Gefährdung des Straßenverkehrs § 315c StGB

- Unerlaubtes Entfernen vom Unfallort § 142 StGB

- Trunkenheit im Verkehr § 316 StGB

- Führen oder Anordnen des Fahrens ohne Fahrerlaubnis § 21 StVG

Die Punktebewertung hängt dann davon ab, ob die Entziehung der Fahrerlaubnis oder eine isolierte Sperre angeordnet worden sind (dann drei Punkte) oder ob ein Fahrverbot verhängt wurde (dann zwei Punkte).

Folgende Straftaten werden mit drei Punkten bewertet und gespeichert, soweit die Entziehung der Fahrerlaubnis oder eine isolierte Sperre angeordnet worden sind, sowie mit zwei Punkten, wenn ein Fahrverbot verhängt wurde:

- Fahrlässige Tötung § 222 StGB

- Fahrlässige Körperverletzung § 229 StGB

- Nötigung § 240 StGB

- Vollrausch § 323a StGB

- Unterlassene Hilfeleistung § 323c StGB

- Kennzeichenmissbrauch § 22 StVG

Die Sanktionen nach Begehung der Verkehrsstraftaten

Die Begehung von Verkehrsstraftaten zieht die Verhängung von Geld- oder Freiheitsstrafen nach sich. Den Strafrahmen geben die Tatbestände vor. Innerhalb dessen bestimmt das Gericht die nach der Schuld des Täters im Einzelfall angemessene Strafe. Bei der Strafzumessung wägt das Gericht die für und gegen den Täter sprechenden Umstände gegeneinander ab.

Geldstrafen werden im so genannten Tagessatzsystem verhängt. Einen feststehenden Geldbetrag wie bei den Bußgeldern gibt es hier nicht. Die Anzahl der Tagessätze – zwischen fünf und 360 – drückt die Bewertung der Tat als mehr oder weniger schwerwiegend aus. Die Höhe der Tagessätze hingegen bemisst sich nach den wirtschaftlichen Verhältnissen des Täters. Dabei ist in der Regel vom monatlichen Nettoeinkommen auszugehen, das der Täter durchschnittlich bezieht oder über das er verfügen könnte. Der Tagessatz ergibt sich aus der Teilung des monatlichen Nettoeinkommens durch 30. Staatsanwaltschaft und Gerichte greifen bei der Festlegung auf Schätzungen oder Angaben des Angeklagten zurück.

Beispiel: 60 Tagessätze (Tagessatzanzahl) zu je 35 Euro (Tagessatzhöhe)

Bei Verkehrsdelikten kann das Gericht aber auch Freiheitsstrafen aussprechen. Gerade bei wiederholten Verurteilungen wegen Trunkenheitsfahrten werden Freiheitsstrafen auf Bewährung verhängt. Bei einer Freiheitsstrafe von nicht mehr als einem Jahr setzt das Gericht grundsätzlich die Vollstreckung der Strafe zur Bewährung aus, wenn zu erwarten ist, dass der Verurteilte sich schon die Verurteilung zur Warnung dienen lassen und künftig auch ohne die Einwirkung des Strafvollzugs keine Straftaten mehr begehen wird.

Eine Freiheitsstrafe von mehr als einem Jahr bis zu zwei Jahren kann zur Bewährung ausgesetzt werden, wenn zusätzlich nach Gesamtwürdigung von Tat und Persönlichkeit des Verurteilten besondere Umstände vorliegen. Dem Verurteilten können Auflagen und Weisungen für die Dauer der Bewährungszeit vom Gericht erteilt werden. Freiheitsstrafen von über zwei Jahren sind nicht mehr auf Bewährung aussetzbar.

Der Entzug der Fahrerlaubnis im Strafverfahren

Bei Verkehrsstraftaten spricht das Gericht oft neben Geld- oder Freiheitsstrafe den Entzug der Fahrererlaubnis aus oder verhängt ein Fahrverbot als Maßregel respektive als Nebenstrafe. Eine Fahrerlaubnis ist zu entziehen, wenn der Täter als ungeeignet zum Führen von Kraftfahrzeugen angesehen wird. Das ist vor allem bei Trunkenheitsfahrten, bei Gefährdung des Straßenverkehrs und bei Unfallflucht mit Personenschaden oder Sachschaden von mehr als 1200 Euro der Fall.

Die Fahrerlaubnis wird für mindestens sechs Monate entzogen. Nach Ablauf der Sperrfrist muss der Verurteilte bei seiner zuständigen Behörde dann die Ausstellung eines neuen Führerscheins beantragen. Der Antrag kann bis zu drei Monaten vor Ablauf der Frist gestellt werden. Das empfiehlt sich besonders dann, wenn bei wiederholten Trunkenheitsfahrten oder einer Fahrt mit 1,6 Promille oder mehr sowie Drogen für die Wiedererteilung der Fahrerlaubnis von der Behörde eine MPU zur Ausräumung von Eignungszweifeln angeordnet werden muss.

Das Fahrverbot im Strafverfahren

Ist der Täter zwar nicht ungeeignet zum Führen eines Kraftfahrzeugs, soll er aber dennoch einen besonderen Denkzettel für die schuldhaft begangene Verkehrsstraftat erhalten, wird ein Fahrverbot als Nebenstrafe zwischen einem Monat und drei Monaten verhängt. Das bedeutet, dass der Verurteilte gar kein Kraftfahrzeug führen darf, auch kein fahrerlaubnisfreies wie ein Mofa.

Verkehrsstraftaten im Zusammenhang mit Alkohol und Drogen

Fahren unter Alkoholeinfluss zählt trotz rückläufiger Zahlen zu den gefährlichsten Ursachen von Unfällen im öffentlichen Straßenverkehr. Genauso problematisch ist das Führen eines Fahrzeugs unter dem Einfluss von Drogen oder Arzneimitteln. Die entsprechenden Strafvorschriften überlassen es der Rechtsprechung, Grenzwerte für Alkoholkonsum festzulegen, bei deren Überschreiten der Kraftfahrer als fahruntüchtig gilt.

Danach kann ab einer Blutalkoholkonzentration (BAK) von 0,3 Promille zusammen mit alkoholbedingten Ausfallerscheinungen wie dem Fahren in Schlangenlinien oder dem Überfahren einer roten Ampel die relative Fahruntüchtigkeit angenommen werden. Das wird dann als Straftat mit Geldstrafe zusammen mit einer Entziehung der Fahrerlaubnis geahndet und nicht etwa als Bußgeld.

Eine BAK ab 1,1 Promille führt immer zu einer Bestrafung als Straftat mit Fahrerlaubnisentzug, ohne dass es auf zusätzliche Nachweise von Fahrunsicherheit ankommt. Es liegt die sogenannte absolute Fahruntüchtigkeit vor. Bei wiederholten Trunkenheitsfahrten können Freiheitsstrafen anstelle von Geldstrafen verhängt werden.

Nach § 316 Strafgesetzbuch (StGB), Trunkenheit im Verkehr, kann jeder Fahrzeugführer, also auch ein Radfahrer, bestraft werden. Radfahrer dann, wenn eine BAK von 1,6 Promille oder mehr gemessen wurde. Das Strafgericht kann ihm aber nicht die Fahrerlaubnis entziehen. Allerdings wird die Fahrerlaubnisbehörde in einem solchen Fall dem Betreffenden eine medizinisch-psychologische Untersuchung abverlangen. Ergibt diese kein positives Ergebnis oder wird ein Gutachten nicht vorgelegt, entzieht die Behörde daraufhin die vorhandene Fahrerlaubnis.

Ein leider immer häufigeres Phänomen ist das Führen von Fahrzeugen unter dem Einfluss von Drogen, das genauso gefährlich ist wie das alkoholisierte Fahren. Deshalb ist Fahren unter dem Einfluss von „anderen berauschenden Mitteln" genauso zu bestrafen. „Berauschende Mittel" in diesem Sinne sind etwa Kokain, Morphin, Heroin, Cannabis oder Amphetamine sowie LSD – aber auch Medikamente, wenn sie die Fahrtüchtigkeit beeinträchtigen.

Bestraft wird das Fahren unter nachgewiesener Wirkung solcher Rauschmittel, wenn zusätzlich Ausfallerscheinungen oder Fahrfehler festgestellt sind. Es gibt keinen Grenzwert, ab dem die Fahrerlaubnis entzogen und eine Geldstrafe verhängt werden. Die Rechtsprechung sieht sich mangels gesicherter wissenschaftlicher Erkenntnisse momentan nicht in der Lage, für einzelne Drogen oder Medikamente einen solchen Grenzwert festzusetzen.